국민연금공단

필기시험 모의고사

[6급갑 심사직]

	영 역	직업기초능력평가, 종합직무지식평가
제 3 회	문항수	60문항, 50문항
	시 간	60분, 50분
	비 고	객관식 4지선다형, 객관식 5지선다형

SEOWONGAK
(주)서원각

제3회 기출동형 모의고사

✎ **직업기초능력평가(60문항/60분)**

1. 다음은 ○○공사의 '열효율개선사업' 지원 공고문이다. 공고문의 내용을 잘못 이해한 사람은?

---

1. 사업개요

가. 사업명 : 도망가는 에너지를 잡아라! 2021 ○○공사 온(溫)누리 열효율개선사업

나. 대상지역 : 강원도, 경기도, 경상북도, 대구광역시, 서울특별시, 충청북도, 제주특별자치도

다. 신청기간 : 2021. ××. ××.까지 (우편소인 도착분 인정)

라. 지원대상 : 취약계층 이용·거주시설(경로당 포함) 및 저소득가구

마. 주관 : □□협회

바. 후원 : ○○공사

2. 지원내용

모집지역	강원도, 경기도, 경상북도, 대구광역시, 서울특별시, 충청북도, 제주특별자치도	
신청방법	[사회복지시설]-사회복지시설이 직접 신청(단, 경로당의 경우 해당 지역 주민센터에서 신청 가능) [저소득가구]-사회복지시설 및 지자체가 해당하는 가구를 추천 및 신청	
지원대상	지원대상	취약계층이 이용하는 생활 사회복지시설 (노인복지시설-경로당 포함)저소득가구 (기초생활수급자, 차상위계층 및 추천시설에서 인정하는 저소득가정)
	지원불가	[사회복지시설] -미신고시설 -시설 설립 후 1년이 지나지 않은 시설 (사업공고일 기준) -2008년 7월 1일 이후 개인이 설치·신고한 노인장기요양기관 -5년 이내의 신축건물 -기타 배분 규정에 따라 배분 제외 대상인 시설 [저소득가구] -국가 및 지방자치단체, 정부공공기관 소유임대 가구 -무허가주택 거주 가구 -기타 배분 규정에 따라 배분 제외 대상인 가구
	기타	2년 이내 (사업공고일 기준)에 지방자치단체 및 민간단체로부터 에너지효율 개선사업 관련 내용에 대한 지원을 받은 대상의 경우 신청은 가능하나 심사과정에서 선정 우선순위에서 차수위로 밀려날 수 있음
지원내용	보일러 및 바닥, 단열, LED등, 창호 교체 기타 에너지 효율개선을 위한 보수 공사(에너지효율 개선을 위한 도배, 장판 포함-단순 도배·장판의 경우 지원 불가) ※ 지원제외 : LNG 도시가스 인입, 대체에너지(태양열, 지열 등), 지붕공사, 단순 도배·장판, 미관을 목적으로 하는 인테리어 공사, 기타 에너지 효율화와 관련이 없는 개·보수	
지원한도	가구별 최대 430만 원 내외 지원 시설별 최대 2,000만 원 내외 지원 ※ 건축물 면적, 이용 및 생활인원 수, 현장실사 결과 등에 따른 차등 지원	
시공	사회적 기업 시공업체 등 (일부 지역 예외)	

---

① 갑 : 열효율개선사업은 전국을 대상으로 하지 않는 것 같군.

② 을 : 온라인으로는 신청이 안 되고 우편으로 신청을 해야 하는가 보군.

③ 병 : 사회복지시설 및 지자체가 추천한 업체가 시공을 담당하겠군.

④ 정 : 저소득가구가 2년 이내 관련 지원을 받은 경우 신청이 불가능한 것은 아니군.

2. ○○공단은 매년 공문서 교육을 실시하고 있다. 신입사원을 대상으로 아래의 규정을 교육한 후 적절한 평가를 한 사람은 누구인가?

제00조(문서의 성립 및 효력발생)

① 문서는 결재권자가 해당 문서에 서명(전자이미지서명, 전자문자서명 및 행정 전자서명을 포함한다.)의 방식으로 결재함으로 성립한다.

② 문서는 수신자에게 도달(전자문서의 경우는 수신자가 지정한 전자적 시스템에 입력되는 것을 말한다.)됨으로써 효력이 발생한다.

③ 제2항에도 불구하고 공고문서는 그 문서에서 효력발생 시기를 구체적으로 밝히고 있지 않으면 그 고시 또는 공고가 있는 날부터 5일이 경과한 때에 효력이 발생한다.

제00조(문서 작성의 일반원칙)

① 문서는 어문규범에 맞게 한글로 작성하되, 뜻을 정확하게 전달하기 위하여 필요한 경우에는 괄호 안에 한자나 그 밖의 외국어를 함께 적을 수 있으며, 특별한 사유가 없으면 가로로 쓴다.

② 문서의 내용은 간결하고 명확하게 표현하고 일반화되지 않은 약어와 전문용어 등의 사용을 피하여 이해하기 쉽게 작성하여야 한다.

③ 문서에는 음성정보나 영상정보 등을 수록할 수 있고 연계된 바코드 등을 표기할 수 있다.

④ 문서에 쓰는 숫자는 특별한 사유가 없으면 아라비아 숫자를 쓴다.

⑤ 문서에 쓰는 날짜는 숫자로 표기하되, 연·월·일의 글자는 생략하고 그 자리에 온점(.)을 찍어 표기하며, 시·분은 24시각제에 따라 숫자로 표기하되, 시·분의 글자는 생략하고 그 사이에 쌍점(:)을 찍어 구분한다. 다만 특별한 사유가 있으면 다른 방법으로 표시할 수 있다.

---

① 박 사원 : 문서에 '2021년 7월 18일 오후 11시 30분'을 표기해야 할 때 특별한 사유가 없으면 '2021. 7. 18. 23:30'으로 표기한다.

② 채 사원 : 2021년 9월 7일 공고된 문서에 효력발생 시기가 구체적으로 명시되지 않은 경우 그 문서의 효력은 즉시 발생한다.

③ 한 사원 : 전자문서의 경우 해당 수신자가 지정한 전자적 시스템에 도달한 문서를 확인한 때부터 효력이 발생한다.

④ 현 사원 : 문서 작성 시 이해를 쉽게 하기 위해 일반화되지 않은 약어와 전문 용어를 사용하여 작성하여야 한다.

3. 다음 공고를 보고 잘못 이해한 것을 고르면?

〈신입사원 정규채용 공고〉

분야	인원	응시자격	연령	비고
콘텐츠 기획	5	• 해당분야 유경험자(3년 이상) • 외국어 사이트 운영 경력자 우대 • 외국어(영어/일어) 전공자	제한 없음	정규직
제휴 마케팅	3	• 해당분야 유경험자(5년 이상) • 웹 프로모션 경력자 우대 • 콘텐츠산업(온라인) 지식 보유자	제한 없음	정규직
웹 디자인	2	• 응시제한 없음 • 웹디자인 유경험자 우대	제한 없음	정규직

〈입사지원서 및 기타 구비서류〉

(1) 접수방법
• 인터넷(www.seowon.co.kr)을 통해서만 접수(우편 이용 또는 방문접수 불가)
• 채용분야별 복수지원 불가

(2) 입사지원서 접수 시 유의사항
• 입사지원서는 인터넷 접수만 가능함
• 접수 마감일에는 지원자 폭주 및 서버의 네트워크 사정에 따라 접속이 불안정해 질 수 있으니 가급적 마감일 1~2일 전까지 입사지원서 작성바람
• 입사지원서를 작성하여 접수하고 수험번호가 부여된 후 재입력이나 수정은 채용 공고 종료일 18 : 00까지만 가능하오니, 기재내용 입력에 신중을 기하여 정확하게 입력하기 바람

(3) 구비서류 접수
• 접수방법 : 최종면접 전형 당일 시험장에서만 접수하며, 미제출자는 불합격 처리
− 최종학력졸업증명서 1부
− 자격증 사본 1부(해당자에 한함)

(4) 기타 사항
• 상기 모집분야에 대해 최종 전형결과 적격자가 없는 것으로 판단될 경우, 선발하지 아니할 수 있으며, 추후 입사지원서의 기재사항이나 제출서류가 허위로 판명될 경우 합격 또는 임용을 취소함
• 최종합격자라도 신체검사에서 불합격 판정을 받거나 당사 인사규정상 채용 결격사유가 발견될 경우 임용을 취소함
• 3개월 인턴 후 평가(70점 이상)에 따라 정식 고용 여부를 결정함

(5) 문의 및 접수처
• 기타 문의사항은 (주)서원 홈페이지(www.seowon.co.kr) 참고

① 우편 및 방문접수는 불가하며 입사지원은 인터넷 접수만 가능하다.

② 지원서 수정은 마감일 이후 불가능하다.

③ 최종합격자라도 신체검사에서 불합격 판정을 받으면 임용이 취소된다.

④ 3개월 인턴과정을 거치고 나면 별도의 제약 없이 정식 고용된다.

❚4~5❚ 다음 글을 읽고 물음에 답하시오.

○○통신회사 직원 K씨가 고객으로부터 걸려온 전화를 응대하고 있다. 고객은 K씨에게 가장 저렴한 통신비를 문의하고 있다.

K씨 : 안녕하십니까? ○○텔레콤 K○○입니다. 무엇을 도와드릴까요?

고객 : 네. 저는 저에게 맞는 통신비를 추천받고자 합니다.

K씨 : 고객님이 많이 사용하시는 부분이 무엇입니까?

고객 : 저는 통화는 별로 하지 않고 인터넷을 한 달에 평균 3기가 정도 사용합니다.

K씨 : 아, 고객님은 인터넷을 많이 사용하시는군요. 그럼 인터넷 외에 다른 서비스는 필요하신 부분이 없으십니까?

고객 : 저는 매달 컬러링을 바꾸고 싶습니다.

K씨 : 아 그럼 매달 3기가 이상의 인터넷과 무료 컬러링이 필요하신 것입니까?

고객 : 네. 그럼 될 것 같습니다.

요금제명	무료인터넷 용량	무료통화 용량	무료 부가서비스	가격
35요금제	1기가	40분	없음	30,000원
45요금제	2기가	60분	없음	40,000원
55요금제	3기가	120분	컬러링 월 1회	50,000원
65요금제	4기가	180분	컬러링 월 2회	60,000원

4. K씨가 고객에게 가장 적합하다고 생각하는 요금제는 무엇인가?

① 35요금제   ② 45요금제

③ 55요금제   ④ 65요금제

5. 만약 동일한 조건에서 고객이 통화를 1달에 1시간 30분 정도 사용한다고 한다면 이 고객에게 가장 적합한 요금제는 무엇인가?

① 35요금제   ② 45요금제

③ 55요금제   ④ 65요금제

6. A, B, C, D, E는 영업, 사무, 전산, 관리, 홍보의 일을 각각 맡아서 하기로 하였다. A는 영업과 사무 분야의 업무를 싫어하고, B는 관리 업무를 싫어하며, C는 영업 분야 일을 하고 싶어하고, D는 전산 분야 일을 하고 싶어하며, E는 관리와 사무 분야의 업무를 싫어한다. 인사부에서 각자의 선호에 따라 일을 시킬 때 옳게 짝지은 것은?

① A - 관리   ② B - 영업

③ C - 홍보   ④ D - 사무

7. 다음 글을 근거로 유추할 경우 옳은 내용만을 바르게 짝지은 것은?

- 9명의 참가자는 1번부터 9번까지의 번호 중 하나를 부여 받고, 동시에 제비를 뽑아 3명은 범인, 6명은 시민이 된다.
- '1번의 오른쪽은 2번, 2번의 오른쪽은 3번, …, 8번의 오른쪽은 9번, 9번의 오른쪽은 1번'과 같이 번호 순서대로 동그랗게 앉는다.
- 참가자는 본인과 바로 양 옆에 앉은 사람이 범인인지 시민인지 알 수 있다.
- "옆에 범인이 있다."라는 말은 바로 양 옆에 앉은 2명 중 1명 혹은 2명이 범인이라는 뜻이다.
- "옆에 범인이 없다."라는 말은 바로 양 옆에 앉은 2명 모두 범인이 아니라는 뜻이다.
- 범인은 거짓말만 하고, 시민은 참말만 한다.

ⓐ 1, 4, 6, 7, 8번의 진술이 "옆에 범인이 있다."이고, 2, 3, 5, 9번의 진술이 "옆에 범인이 없다."일 때, 8번이 시민임을 알면 범인들을 모두 찾아낼 수 있다.
ⓑ 만약 모두가 "옆에 범인이 있다."라고 진술한 경우, 범인이 부여받은 번호의 조합은 (1, 4, 7) / (2, 5, 8) / (3, 6, 9) 3가지이다.
ⓒ 한 명만이 "옆에 범인이 없다."라고 진술한 경우는 없다.

① ⓑ   ② ⓒ

③ ⓐⓑ   ④ ⓐⓒ

8. 다음의 글을 읽고 김 씨가 의사소통능력을 향상시키기 위해 노력한 것은 무엇인가?

직장인 김 씨는 자주 동료들로부터 다른 사람들의 이야기를 흘려듣거나 금세 잊어버린다는 이야기를 많이 들어 어떤 일을 하더라도 늦거나 실수하는 경우가 많이 발생한다. 그리고 같은 일을 했음에도 불구하고 다른 직원들보다 남겨진 자료가 별로 없는 것을 알게 되었다. 그래서 김 씨는 항상 메모하고 기억하려는 노력을 하기로 결심하였다.

그 후 김 씨는 회의시간은 물론이고, 거래처 사람들을 만날 때, 공문서를 읽거나 책을 읽을 때에도 메모를 하려고 열심히 노력하였다. 모든 상황에서 메모를 하다보니 자신만의 방법을 터득하게 되어 자신만 알 수 있는 암호로 더욱 간단하고 신속하게 메모를 할 수 있게 되었다. 또한 메모한 내용을 각 주제별로 분리하여 자신만의 데이터베이스를 만들기에 이르렀다. 이후 갑자기 보고할 일이 생겨도 자신만의 데이터베이스를 이용하여 쉽게 처리를 할 수 있게 되며 일 잘하는 직원으로 불리게 되었다.

① 경청하기   ② 메모하기

③ 따라하기   ④ 검토하기

9. 다음에 제시된 글의 목적에 대해 바르게 나타낸 것은?

제목 : 사내 신문의 발행

1. 우리 회사 직원들의 원만한 커뮤니케이션과 대외 이미지를 재고하기 위하여 사내 신문을 발간하고자 합니다.

2. 사내 신문은 홍보지와 달리 새로운 정보와 소식지로서의 역할이 기대되오니 아래의 사항을 검토하시고 재가해주시기 바랍니다.

－아래－

㉠ 제호 : We 서원인
㉡ 판형 : 140 × 210mm
㉢ 페이지 : 20쪽
㉣ 출간 예정일 : 2016. 1. 1

별첨 견적서 1부

---

① 회사에서 정부를 상대로 사업을 진행하려고 작성한 문서이다.
② 회사의 업무에 대한 협조를 구하기 위하여 작성한 문서이다.
③ 회사의 업무에 대한 현황이나 진행상황 등을 보고하고자 하는 문서이다.
④ 회사 상품의 특성을 소비자에게 설명하기 위하여 작성한 문서이다.

10. 다음 글은 ○○법률구조공단의 자료에서 발췌한 글이다. 이 글과 〈보기〉의 상황을 근거로 옳은 판단을 내린 직원은?

---

① 민사소송에서 판결은 다음의 어느 하나에 해당하면 확정되며, 확정된 판결에 대해서 당사자는 더 이상 상급심 법원에 상소를 제기할 수 없게 된다.

② 첫째. 판결은 선고와 동시에 확정되는 경우가 있다. 예컨대 대법원 판결에 대해서는 더 이상 상소할 수 없기 때문에 그 판결은 선고 시에 확정된다. 그리고 하급심 판결이더라도 선고 전에 당사자들이 상소하지 않기로 합의하고 이 합의서를 법원에 제출할 경우, 판결은 선고 시에 확정된다.

③ 둘째. 상소기간이 만료된 때에 판결이 확정되는 경우가 있다. 상소는 패소한 당사자가 제기하는 것으로, 상소를 하고자 하는 자는 판결문을 송달받은 날부터 2주 이내에 상소를 제기해야 한다. 이 기간 내에 상소를 제기하지 않으면 더 이상 상소할 수 없게 되므로, 판결은 상소기간 만료 시에 확정된다. 또한, 상소기간 내에 상소를 제기하였더라도 그 후 상소를 취하하면 상소기간 만료 시에 판결은 확정된다.

④ 셋째. 상소기간이 경과하기 전에 패소한 당사자가 법원에 상소포기서를 제출하면, 제출 시에 판결은 확정된다.

〈보기〉

원고 甲은 피고 乙을 상대로 ○○지방법원에 매매대금지급청구소송을 제기하였다. ○○지방법원은 甲에게 매매대금지급청구권이 없다고 판단하여 2021년 11월 1일 원고 패소판결을 선고하였다. 이 판결문은 甲에게는 2021년 11월 10일 송달되었고, 乙에게는 2021년 11월 14일 송달되었다.

---

① 정 계장 : 乙은 2021년 11월 28일까지 상소할 수 있다.
② 오 주임 : 甲이 2021년 11월 28일까지 상소하지 않으면, 같은 날 판결은 확정된다.
③ 김 과장 : 甲이 2021년 11월 11일 상소한 후 2021년 12월 1일 상소를 취하하였다면, 취하한 때 판결은 확정된다.
④ 장 팀장 : 甲과 乙이 상소하지 않기로 하는 내용의 합의서를 2021년 10월 25일 법원에 제출하였다면, 판결은 2021년 11월 1일 확정된다.

11. 다음은 T사의 휴직과 그에 따른 요건 등을 나타낸 규정이다. 〈보기〉와 같은 T사 직원들의 휴직 예정 내역 중 규정에 맞지 않는 사람을 모두 고른 것은? (단, 언급되지 않은 사항은 휴직 요건에 해당된다고 가정한다)

구분	청원휴직 (인력상황 등을 고려하여 임용권자가 휴직을 명함)					직권휴직	
	육아휴직	배우자 동반휴직	연수휴직	가사/간병휴직	자기개발휴직	질병휴직	군입대휴직
휴직 기간	자녀 1명당 3년 내	3년 이내 (2년 연장 가능)	2년 이내	1년 이내 (재직 중 3년 내)	1년 (10년 재직 후 재휴직 가능)	1년 이내 (부득이한 경우 1년 연장 가능)	복무기간
요건	만 8세 이하 또는 초등학교 2학년 이하의 자녀 양육자	외국에서 근무, 유학 또는 연수하는 배우자 동반	기관장 지정 연구·교육 기관 등에서 연수	장기간 요양을 요하는 부모·배우자·자녀, 배우자의 부모 간호	연구과제 수행, 교육기관 등 교육과정 수행, 개인주도 학습 등	신체, 정신상의 장애로 장기요양을 요할 때	병역복무를 필하기 위해 징 소집되었을 때
증빙 서류	주민등록등본, 임신진단서	배우자 출국 사실 확인서, 출입국 증명서	–	가족관계 증명서, 간병 대상자 병원진단서	별도 서류	병원 진단서	입영통지서, 군복무 확인서

〈보기〉
- A씨 : 초등학교 1학년인 아들의 육아를 위해 1년간의 휴직을 준비하고 있다.
- B씨 : 남편의 해외 주재원 근무 발령에 따라 본사 복귀 시까지의 기간을 고려, 다른 휴직을 사용한 경험이 없으므로 4년의 휴직을 한 번에 사용할 계획이다.
- C씨 : 신체상의 문제로 인해 1년 6개월 전부터 질병휴직을 사용하고 있으며, 추가 1년의 요양이 필요하다는 병원 진단서가 있음에도 6개월 후 우선 복직을 하여 다른 방법을 알아보려 한다.
- D씨 : 과거 노부모 간병을 위해 간헐적으로 2년 6개월간의 간병 휴직을 사용한 적이 있으며, 지난 주 갑작스런 사고를 당한 배우자를 위해 병원진단서를 첨부하여 추가 1년의 간병 휴직을 계획하고 있다.

① B씨, D씨
② A씨, B씨, D씨
③ C씨, D씨
④ B씨, C씨, D씨

12. 다음 글의 내용과 날씨를 근거로 판단할 경우 종아가 여행을 다녀온 시기로 가능한 것은?

- 종아는 선박으로 '포항 → 울릉도 → 독도 → 울릉도 → 포항' 순으로 3박 4일의 여행을 다녀왔다.
- '포항 → 울릉도' 선박은 매일 오전 10시, '울릉도 → 포항' 선박은 매일 오후 3시에 출발하며, 편도 운항에 3시간이 소요된다.
- 울릉도에서 출발해 독도를 돌아보는 선박은 매주 화요일과 목요일 오전 8시에 출발하여 당일 오전 11시에 돌아온다.
- 최대 파고가 3m 이상인 날은 모든 노선의 선박이 운항되지 않는다.
- 종아는 매주 금요일에 술을 마시는데, 술을 마신 다음날은 멀미가 심해 선박을 탈 수 없다.
- 이번 여행 중 종아는 울릉도에서 호박엿 만들기 체험을 했는데, 호박엿 만들기 체험은 매주 월·금요일 오후 6시에만 할 수 있다.

날씨

(㎙ : 최대 파고)

日	月	火	水	木	金	土
16	17	18	19	20	21	22
㎙ 1.0m	㎙ 1.4m	㎙ 3.2m	㎙ 2.7m	㎙ 2.8m	㎙ 3.7m	㎙ 2.0m
23	24	25	26	27	28	29
㎙ 0.7m	㎙ 3.3m	㎙ 2.8m	㎙ 2.7m	㎙ 0.5m	㎙ 3.7m	㎙ 3.3m

① 19일(水) ~ 22일(土)
② 20일(木) ~ 23일(日)
③ 23일(日) ~ 26일(水)
④ 25일(火) ~ 28일(金)

13. 다음 글을 읽고 잘못된 부분을 바르게 설명한 것은?

> 기획사 편집부에 근무하는 박 대리는 중요 출판사로부터 출간 기획서를 요청받았다. 그 출판사 대표는 박 대리가 근무하는 회사와 오랫동안 좋은 관계를 유지하며 큰 수익을 담당하던 사람이었다. 박 대리는 심혈을 기울인 끝에 출간기획서를 완성하였고 개인적인 안부와 함께 제안서 초안을 이메일로 송부하였다.
>
> 한편 그 대표의 비서는 여러 군데 기획사에 맡긴 출간기획서를 모두 취합하여 간부회의에 돌려볼 수 있도록 모두 출력하였다. 그러나 박 대리가 보낸 이메일 내용이 간부회의 때 큰 파장을 일으켰다. 이메일에는 이전 접대자리가 만족스러웠는지를 묻고 다음에는 더 좋은 곳으로 모시겠다는 지극히 개인적인 내용이 들어 있었던 것이었다.
>
> 며칠 후 박 대리는 그 대표로부터 제안서 탈락과 동시에 거래처 취소 통보를 받았다. 박 대리는 밀접한 인간관계를 믿고 이메일을 보냈다가 공과 사를 구분하지 못한다는 대표의 불만과 함께 거래처고 개인적인 만남이고 모든 관계가 끝이 나 버리게 되었다.

① 이메일을 송부했다는 연락을 하지 못한 것이 실수이다.

② 출간기획서 초안을 보낸 것이 실수이다.

③ 공과 사를 엄격하게 구분하지 못한 것이 실수이다.

④ 대표의 요구사항을 반영하지 못한 기획서를 보낸 것이 실수이다.

14. 도서출판 서원각에 근무하는 최 대리는 이번 달에 접수된 총 7건의 고객 불만 사항에 대해 보고서를 작성하려고 한다. A, B, C, D, E, F, G 고객의 불만이 접수된 순서가 다음의 정보를 모두 만족할 때, 불만 사항이 가장 마지막으로 접수된 고객은?

> 〈정보〉
> • B고객의 불만은 가장 마지막에 접수되지 않았다.
> • G고객의 불만은 C고객의 불만보다 먼저 접수되었다.
> • A고객의 불만은 B고객의 불만보다 먼저 접수되었다.
> • B고객의 불만은 E고객의 불만보다 나중에 접수되었다.
> • D고객과 E고객의 불만은 연달아 접수되었다.
> • C고객의 불만은 다섯 번째로 접수되었다.
> • A고객과 B고객의 불만 접수 사이에 한 건의 불만이 접수되었다.

① A   ② C

③ D   ④ F

15. 다음 글은 합리적 의사결정을 위해 필요한 절차적 조건 중의 하나에 관한 설명이다. 다음 보기 중 이 조건을 위배한 것끼리 묶은 것은?

> 합리적 의사결정을 위해서는 정해진 절차를 충실히 따르는 것이 필요하다. 고도로 복잡하고 불확실하나 문제상황 속에서 결정의 절차가 합리적이기 위해서는 다음과 같은 조건이 충족되어야 한다.
>
> 〈조건〉
> 정책결정 절차에서 논의되었던 모든 내용이 결정절차에 참여하지 않은 다른 사람들에게 투명하게 공개되어야 한다. 그렇지 않으면 이성적 토론이 무력해지고 객관적 증거나 논리 대신 강압이나 회유 등의 방법으로 결론이 도출되기 쉽기 때문이다.

> 〈보기〉
> ㉠ 심의에 참여한 분들의 프라이버시 보호를 위해 오늘 회의의 결론만 간략히 알려드리겠습니다.
> ㉡ 시간이 촉박하니 회의 참석자 중에서 부장급 이상만 발언하도록 합시다.
> ㉢ 오늘 논의하는 안건은 매우 민감한 사안이니만큼 비참석자에게는 그 내용을 알리지 않을 것입니다. 그러니 회의자료 및 메모한 내용도 두고 가시기 바랍니다.
> ㉣ 우리가 외부에 자문을 구한 박사님은 이 분야의 최고 전문가이기 때문에 참석자 간의 별도 토론 없이 박사님의 의견을 그대로 채택하도록 합시다.
> ㉤ 오늘 안건은 매우 첨예한 이해관계가 걸려 있으니 상대방에 대한 반론은 자제해주시고 자신의 주장만 말씀해주시기 바랍니다.

① ㉠㉡

② ㉠㉢

③ ㉢㉣

④ ㉢㉤

16. A 무역회사에 다니는 乙 씨는 회의에서 발표할 '해외 시장 진출 육성 방안'에 대해 다음과 같이 개요를 작성하였다. 이를 검토하던 甲이 지시한 내용 중 잘못된 것은?

Ⅰ. 서론
• 해외 시장에 진출한 우리 회사 제품 수의 증가 ······ ㉠
• 해외 시장 진출을 위한 장기적인 전략의 필요성

Ⅱ. 본론
1. 해외 시장 진출의 의의
• 다른 나라와의 경제적 연대 증진 ······ ㉡
• 해외 시장 속 우리 회사의 위상 제고
2. 해외 시장 진출의 장애 요소
• 해외 시장 진출 관련 재정 지원 부족
• 우리 회사에 대한 현지인의 인지도 부족 ······ ㉢
• 해외 시장 진출 전문 인력 부족
3. 해외 시장 진출 지원 및 육성 방안
• 재정의 투명한 관리 ······ ㉣
• 인지도를 높이기 위한 현지 홍보 활동
• 해외 시장 진출 전문 인력 충원

Ⅲ. 결론
• 해외 시장 진출의 전망

---

① ㉠ : 해외 시장에 진출한 우리 회사 제품 수를 통계 수치로 제시하면 더 좋겠군.
② ㉡ : 다른 나라에 진출한 타 기업 수 현황을 근거 자료로 제시하면 더 좋겠군.
③ ㉢ : 우리 회사에 대한 현지인의 인지도를 타 기업과 비교해 상대적으로 낮음을 보여주면 효과적이겠군.
④ ㉣ : Ⅱ-2를 고려할 때 '해외 시장 진출 관련 재정 확보 및 지원'으로 수정하는 것이 좋겠군.

▌17~18▐ 다음 글을 읽고 물음에 답하시오.

오랫동안 인류는 동물들의 희생이 수반된 육식을 당연하게 여겨왔으며 이는 지금도 진행 중이다. 그런데 이에 대해 윤리적 문제를 제기하며 채식을 선택하는 경향이 생겨났다. 이러한 경향을 취향이나 종교, 건강 등의 이유로 채식하는 입장과 구별하여 '윤리적 채식주의'라고 한다. 그렇다면 윤리적 채식주의 관점에서 볼 때, 육식의 윤리적 문제점은 무엇인가?

육식의 윤리적 문제점은 크게 개체론적 관점과 생태론적 관점으로 나누어 살펴볼 수 있다. 개체론적 관점에서 볼 때, 인간과 동물은 모두 존중받아야 할 '독립적 개체'이다. 동물도 인간처럼 주체적인 생명을 영위해야 할 권리가 있는 존재이다. 또한 동물도 쾌락과 고통을 느끼는 개별 생명체이므로 그들에게 고통을 주어서도, 생명을 침해해서도 안 된다. 요컨대 동물도 고유한 권리를 가진 존재이기 때문에 동물을 단순히 음식 재료로 여기는 인간 중심주의적인 시각은 윤리적으로 문제가 있다.

한편 ㉠생태론적 관점에서 볼 때, 지구의 모든 생명체들은 개별적으로 존재하는 것이 아니라 서로 유기적으로 연결되어 존재한다. 따라서 각 개체로서의 생명체가 아니라 유기체로서의 지구 생명체에 대한 유익성 여부가 인간 행위의 도덕성을 판단하는 기준이 되어야 한다. 그러므로 육식의 윤리성도 지구 생명체에 미치는 영향에 따라 재고되어야 한다. 예를 들어 대량 사육을 바탕으로 한 공장제 축산업은 인간에게 풍부한 음식 재료를 제공한다. 하지만 토양, 수질, 대기 등의 환경을 오염시켜 지구 생명체를 위협하므로 윤리적으로 문제가 있다.

결국 우리의 육식이 동물에게든 지구 생명체에든 위해를 가한다면 이는 윤리적이지 않기 때문에 문제가 있다. 인류의 생존을 위한 육식은 누군가에게는 필수불가결한 면이 없지 않다. 그러나 인간이 세상의 중심이라는 시각에 젖어 그동안 우리는 인간 이외의 생명에 대해서는 윤리적으로 무감각하게 살아왔다. 육식의 윤리적 문제점은 인간을 둘러싼 환경과 생명을 새로운 시각으로 바라볼 것을 요구하고 있다.

17. 제시된 글의 중심 내용으로 가장 적절한 것은?
① 윤리적 채식의 기원
② 육식의 윤리적 문제점
③ 지구 환경 오염의 실상
④ 윤리적 채식주의자의 권리

18. ㉠을 지닌 사람들이 다음에 대해 보일 반응으로 가장 적절한 것은?

> 옥수수, 사탕수수 등을 원료로 하는 바이오 연료는 화석 연료에 비해 에너지 효율은 낮지만 기존의 화석 연료를 대체하는 신재생 에너지로 주목받고 있다. 브라질에서는 넓은 면적의 열대우림을 농경지로 개간하여 바이오 연료를 생산함으로써 막대한 경제적 이익을 올리고 있다. 하지만 바이오 연료는 생산과정에서 화학비료나 농약 등을 과도하게 사용하여 여러 환경문제를 발생시켰다. 또한 식량자원을 연료로 사용함으로써 저개발국의 식량보급에 문제를 발생시켰다.

① 바이오 연료 생산으로 열대우림이 파괴되는 것도 인간에게 이익이 되는 일이라면 가치가 있다.

② 바이오 연료는 화석 연료에 비해 에너지 효율이 낮지만, 대체 에너지 자원으로 적극 활용해야 한다.

③ 바이오 연료가 식량 문제를 발생시켰지만, 신재생 에너지이므로 환경 문제를 해결하는 데에는 긍정적이다.

④ 바이오 연료는 친환경 에너지원으로 보이지만, 그 생산 과정을 고려하면 지구 생명체에 유해한 것으로 보아야 한다.

---

19. M회사 구내식당에서 근무하고 있는 N씨는 식단을 편성하는 업무를 맡고 있다. 식단편성을 위한 조건이 다음과 같을 때 월요일에 편성되는 식단은?

> 〈조건〉
> • 다음 5개의 메뉴를 월요일~금요일 5일에 각각 하나씩 편성해야 한다.
>   – 돈가스 정식, 나물 비빔밥, 크림 파스타, 오므라이스, 제육덮밥
> • 월요일에는 돈가스 정식을 편성할 수 없다.
> • 목요일에는 오므라이스를 편성할 수 없다.
> • 제육덮밥은 금요일에 편성해야 한다.
> • 나물 비빔밥은 제육덮밥과 연달아 편성할 수 없다.
> • 돈가스 정식은 오므라이스보다 먼저 편성해야 한다.

① 나물 비빔밥
② 크림 파스타
③ 오므라이스
④ 제육덮밥

---

20. 다음은 어느 레스토랑의 3C분석 결과이다. 이 결과를 토대로 하여 향후 해결해야 할 전략과제를 선택하고자 할 때 적절하지 않은 것은?

3C	상황 분석
고객 / 시장 (Customer)	• 식생활의 서구화 • 유명브랜드와 기술제휴 지향 • 신세대 및 뉴패밀리 층의 출현 • 포장기술의 발달
경쟁 회사 (Competitor)	• 자유로운 분위기와 저렴한 가격 • 전문 패밀리 레스토랑으로 차별화 • 많은 점포수 • 외국인 고용으로 인한 외국인 손님 배려
자사 (company)	• 높은 가격대 • 안정적 자금 공급 • 업계 최고의 시장점유율 • 고객증가에 따른 즉각적 응대의 한계 • 한식 위주의 메뉴 구성

① 원가 절감을 통한 가격 조정
② 유명브랜드와의 장기적인 기술제휴
③ 즉각적인 응대를 위한 인력 증대
④ 안정적인 자금 확보를 위한 자본구조 개선

---

21. 다음 표는 A지역의 유형별 토지면적 현황을 나타낸 것이다. 이를 바탕으로 설명한 내용으로 옳은 것은?

토지유형 연도	삼림	초지	습지	나지	경작지	훼손지	전체면적
2010	539,691	820,680	22,516	898,566	480,645	1	2,762,099
2011	997,114	553,499	204	677,654	555,334	1	2,783,806
2012	1,119,360	187,479	94,199	797,075	487,767	1	2,685,881
2013	1,596,409	680,760	20,678	182,424	378,634	4,825	2,862,730
2014	1,668,011	692,018	50,316	50,086	311,086	129,581	2,901,098

① A지역의 전체 면적은 2010년에 약 2.76㎢였으나 이후 지속적으로 증가하여 2014년에는 약 2.90㎢로 되었다.

② 삼림 면적은 2010년에 A지역 전체 면적의 25% 미만에서 2014년에는 55% 이상으로 증가하여 토지유형 중 증가율이 가장 높았다.

③ 삼림 면적은 2012년에서 2013년 사이에 가장 큰 폭을 증가하였다.

④ 2010년 나지 면적은 전체 면적의 30% 이상을 차지하였으나 지속적으로 감소하여 2014년에는 5% 이하에 불과하였다.

22. 다음은 소정연구소에서 제습기 A~E의 습도별 연간소비전력량을 측정한 자료이다. 이에 대한 설명 중 옳은 것끼리 바르게 짝지어진 것은?

제습기 A~E이 습도별 연간소비전력량

(단위 : kWh)

제습기 \ 습도	40%	50%	60%	70%	80%
A	550	620	680	790	840
B	560	640	740	810	890
C	580	650	730	800	880
D	600	700	810	880	950
E	660	730	800	920	970

㉠ 습도가 70%일 때 연간소비전력량이 가장 적은 제습기는 A이다.
㉡ 각 습도에서 연간소비전력량이 많은 제습기부터 순서대로 나열하면, 습도 60%일 때와 습도 70%일 때의 순서를 동일하다.
㉢ 습도가 40%일 때 제습기 E의 연산소비전력량은 습도가 50%일 때 제습기 B의 연간소비전력량보다 많다.
㉣ 제습기 각각에서 연간소비전력량은 습도가 80%일 때가 40%일 때의 1.5배 이상이다.

① ㉠㉡
② ㉠㉢
③ ㉡㉣
④ ㉠㉢㉣

23. 다음은 'A'국의 4대 범죄 발생건수 및 검거건수에 대한 자료이다. 이에 대한 설명으로 옳지 않은 것은?

〈2013 ~ 2017년 4대 범죄 발생건수 및 검거건수〉

(단위 : 건, 천 명)

연도 \ 구분	발생건수	검거건수	총인구	인구 10만 명당 발생건수
2013	15,693	14,492	49,194	31.9
2014	18,258	16,125	49,346	( )
2015	19,498	16,404	49,740	39.2
2016	19,670	16,630	50,051	39.3
2017	22,310	19,774	50,248	44.4

〈2017년 4대 범죄 유형별 발생건수 및 검거건수〉

(단위 : 건)

범죄 유형 \ 구분	발생건수	검거건수
강도	5,753	5,481
살인	132	122
절도	14,778	12,525
방화	1,647	1,646
합계	22,310	19,774

① 인구 10만 명당 4대 범죄 발생건수는 매년 증가한다.
② 2014년 이후, 전년대비 4대 범죄 발생건수 증가율이 가장 낮은 연도와 전년대비 4대 범죄 검거건수 증가율이 가장 낮은 연도는 동일하다.
③ 2017년 발생건수 대비 검거건수 비율이 가장 낮은 범죄 유형의 발생건수는 해당 연도 4대 범죄 발생건수의 60% 이상이다.
④ 2017년 강도와 살인 발생건수의 합이 4대 범죄 발생건수에서 차지하는 비율은 2017년 강도와 살인 검거건수의 합이 4대 범죄 검거건수에서 차지하는 비율보다 높다.

24. 다음은 정기 예금과 가계 대출의 평균 금리 추이에 관한 신문 기사이다. 이와 같은 추이가 지속될 경우 나타날 수 있는 현상을 모두 고른 것은?

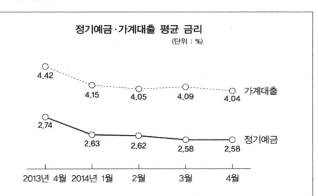

초저금리 기조가 이어지면서 저축성 수신 금리와 대출 금리 모두 1996년 통계를 내기 시작한 이후 역대 최저 수준을 기록했다. 한국은행에 따르면 2014년 4월 말 신규 취급액을 기준으로 정기 예금 평균 금리는 연 2.58 %, 가계 대출 평균 금리는 연 4.04 %로 역대 최저치를 기록했다.

○ 예대 마진은 점차 증가할 것이다.
○ 요구불 예금 금리는 점차 증가할 것이다.
○ 변동 금리로 대출을 받는 고객이 점차 증가할 것이다.
○ 정기 예금 가입 희망자 중 고정 금리를 선호하는 고객이 점차 증가할 것이다.

① ㉠㉡ 　　　　　② ㉠㉢

③ ㉡㉢ 　　　　　④ ㉢㉣

25. 다음 표는 5개 대학교의 한 해 신입생 정원에 관한 자료이다. 이에 대한 〈보기〉의 설명 중 옳은 것을 모두 고른 것은?

〈표 1〉 계열별 신입생 정원

(단위 : 명)

구분	인문 · 사회	자연 · 공학	전체
A 대학교	2,350	3,241	5,591
B 대학교	2,240	1,783	4,023
C 대학교	3,478	4,282	7,760
D 대학교	773	458	1,231
E 대학교	1,484	1,644	3,128

※ 각 대학교의 계열은 인문 · 사회와 자연 · 공학 두 가지로만 구성됨.

〈표 2〉 모집전형별 계열별 신입생 정원

(단위 : 명)

구분	수시전형		정시전형	
	인문 · 사회	자연 · 공학	인문 · 사회	자연 · 공학
A 대학교	1,175	1,652	1,175	1,589
B 대학교	536	402	1,704	1,381
C 대학교	2,331	2,840	1,147	1,442
D 대학교	319	215	454	243
E 대학교	725	746	759	898

〈보기〉

○ 전체 신입생 정원에서 인문 · 사회 계열 정원의 비율이 가장 높은 대학교는 B 대학교이다.
○ 자연 · 공학 계열 신입생 정원이 전체 신입생 정원의 50%를 초과하는 대학교는 A, C, E 대학교이다.
○ 수시전형으로 선발하는 신입생 정원이 정시전형으로 선발하는 신입생 정원보다 많은 대학교는 C 대학교뿐이다.
○ 수시전형으로 선발하는 신입생 정원과 정시전형으로 선발하는 신입생 정원의 차이가 가장 작은 대학교는 A 대학교이다.

① ㉠㉡ 　　　　　② ㉠㉢

③ ㉡㉢ 　　　　　④ ㉡㉣

▌26~27▐ 다음은 국내 온실가스 배출현황을 나타낸 표이다. 물음에 답하시오.

(단위 : 백만 톤 CO_2 eq.)

구분	2005년	2006년	2007년	2008년	2009년	2010년	2011년
에너지	467.5	473.9	494.4	508.8	515.1	568.9	597.9
산업공정	64.5	63.8	60.8	60.6	57.8	62.6	63.4
농업	22.0	21.8	21.8	21.8	22.1	22.1	22.0
폐기물	15.4	15.8	14.4	14.3	14.1	x	14.4
LULUCF	−36.3	−36.8	−40.1	−42.7	−43.6	−43.7	−43.0
순배출량	533.2	538.4	551.3	562.7	565.6	624.0	654.7
총배출량	569.4	575.3	591.4	605.5	609.1	667.6	697.7

26. 2010년 폐기물로 인한 온실가스 배출량은? (단, 총배출량=에너지＋산업공정＋농업＋폐기물)

① 14.0 　　　　　② 14.1

③ 14.2 　　　　　④ 14.3

27. 전년대비 총배출량 증가율이 가장 높은 해는?

① 2007년 　　　　　② 2008년

③ 2009년 　　　　　④ 2010년

28. 다음 그래프는 취업 인구 비율에 따른 A~D 국가의 산업 구조를 나타낸 것이다. 이에 대한 분석으로 옳은 것은?

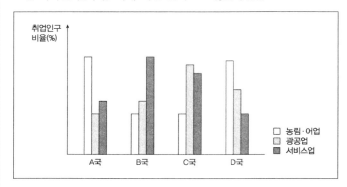

① A 국가는 1차 산업 < 2차 산업 < 3차 산업의 순서로 산업 비중이 높다.
② B 국가는 노동 집약 산업의 비중이 가장 높다.
③ D 국가의 산업 구조는 중진국형에 해당한다.
④ B 국가는 C 국가보다 산업 구조의 고도화가 더 진행되었다.

29. 다음은 갑과 을의 시계 제작 실기시험 지시서의 내용이다. 을의 최종 완성 시간과 유휴 시간은 각각 얼마인가? (단, 이동 시간은 고려하지 않는다.)

> [각 공작 기계 및 소요 시간]
> 1. 앞면 가공용 A 공작 기계 : 20분
> 2. 뒷면 가공용 B 공작 기계 : 15분
> 3. 조립 : 5분
>
> [공작 순서]
> 시계는 각 1대씩 만들며, 갑은 앞면부터 가공하여 뒷면 가공 후 조립하고, 을은 뒷면부터 가공하여 앞면 가공 후 조립하기로 하였다.
>
> [조건]
> • A, B 공작 기계는 각 1대씩이며 모두 사용해야 하고, 두 사람이 동시에 작업을 시작한다.
> • 조립은 가공이 이루어진 후 즉시 실시한다.

	최종 완성 시간	유휴 시간
①	40분	5분
②	45분	5분
③	45분	10분
④	50분	5분

30. 다음은 (주)서원기업의 재고 관리 사례이다. 금요일까지 부품 재고 수량이 남지 않게 완성품을 만들 수 있도록 월요일에 주문할 A~C 부품 개수로 옳은 것은? (단, 주어진 조건 이외에는 고려하지 않는다.)

> [부품 재고 수량과 완성품 1개당 소요량]
>
> | 부품명 | 부품 재고 수량 | 완성품 1개당 소요량 |
> |---|---|---|
> | A | 500 | 10 |
> | B | 120 | 3 |
> | C | 250 | 5 |
>
> [완성품 납품 수량]
>
> | 항목 \ 요일 | 월 | 화 | 수 | 목 | 금 |
> |---|---|---|---|---|---|
> | 완성품 납품 개수 | 없음 | 30 | 20 | 30 | 20 |
>
> [조건]
> 1. 부품 주문은 월요일에 한 번 신청하며 화요일 작업 시작 전 입고된다.
> 2. 완성품은 부품 A, B, C를 모두 조립해야 한다.

	A	B	C
①	100	100	100
②	100	180	200
③	500	100	100
④	500	180	250

31. A기업은 총 3개의 광구에서 원유를 생산하여 공급하며, 광구별 배럴당 생산 비용과 1일 최대 생산량은 다음과 같다. 이 경우, A기업의 원유 공급에 대한 추론으로 올바른 것은?

구분	배럴당 생산 비용	1일 최대 생산량
1광구	40달러	50만 배럴
2광구	50달러	20만 배럴
3광구	60달러	30만 배럴

① 시장 가격이 배럴당 35달러면 1광구에서만 생산이 이루어진다.

② 시장 가격이 배럴당 55달러면 A기업 원유의 1일 총 공급량은 20만 배럴이다.

③ 시장 가격이 배럴당 55달러에서 65달러로 상승하면 A기업 원유의 1일 총 공급량은 30만 배럴 증가한다.

④ A기업 원유의 1일 총 공급량이 70만 배럴일 때의 시장 가격은 50달러 미만이다.

32. 다음은 A대리가 인터넷 쇼핑을 하던 중, 가격 비교 사이트에서 얻은 정보이다. 다음 정보를 참고할 때, 빈 칸 ㈎, ㈏에 들어갈 쇼핑몰이 순서대로 알맞게 나열된 것은?

> 고객님께서 문의하신 상품의 가격은 인터넷 쇼핑몰 A, B, C, D 모두에서 개당 3만 원이며, 배송료도 1만 원(구입 개수에 관계없음)으로 동일합니다. 단, 쇼핑몰별로 할인 정책들이 다음과 같이 실시되고 있습니다.
>
> | 쇼핑몰 | 할인정책 |
> |---|---|
> | A | 배송료만큼 할인 |
> | B | 3개 구입할 때마다 1만 원 할인 |
> | C | 6개 이상 구입 시 1개 추가 증정 |
> | D | 상품 가격의 10% 할인 |
>
> 이상의 정보를 감안할 때, 4개가 필요하신 경우, 쇼핑몰 (㈎)를 선택하시는 것이 합리적입니다. 만약 7개가 필요하시면 쇼핑몰 (㈏)를 선택하시는 것이 더 유리합니다.

① A, C

② B, A

③ B, B

④ D, C

33. 다음 재고 현황을 통해 파악할 수 있는 완성품의 최대 수량과 완성품 1개당 소요 비용은 얼마인가? (단, 완성품은 A, B, C, D의 부품이 모두 조립되어야 하고 다른 조건은 고려하지 않는다.)

부품명	완성품 1개당 소요량(개)	단가(원)	재고 수량(개)
A	2	50	100
B	3	100	300
C	20	10	2,000
D	1	400	150

	완성품의 최대 수량(개)	완성품 1개당 소요 비용(원)
①	50	100
②	50	500
③	50	1,000
④	100	500

34. 어느 날 A부서 팀장이 다음 자료를 주며 "이번에 회사에서 전략 사업으로 자동차 부품 시범 판매점을 직접 운영해 보기로 했다."며 자동차가 많이 운행되고 있는 도시에 판매점을 둬야하므로 후보도시를 추천하라고 하였다. 다음 중 후보도시로 가장 적절한 곳은?

도시	인구수	도로연장	자동차 대수(1,000명당)
A	70만 명	150km	150대
B	50만 명	300km	450대
C	40만 명	100km	300대
D	50만 명	200km	500대

① A
② B
③ C
④ D

35. 다음은 스마트폰 기종별 출고가 및 공시지원금에 대한 자료이다. 〈조건〉과 〈정보〉를 바탕으로 A~D에 해당하는 스마트폰 기종 '갑' ~ '정'을 바르게 나열한 것은?

(단위 : 원)

기종 \ 구분	출고가	공시지원금
A	858,000	210,000
B	900,000	230,000
C	780,000	150,000
D	990,000	190,000

〈조건〉
- 모든 소비자는 스마트폰을 구입할 때 '요금할인' 또는 '공시지원금' 중 하나를 선택한다.
- 사용요금은 월정액 51,000원이다.
- '요금할인'을 선택하는 경우의 월 납부액은 사용요금의 80%에 출고가를 24(개월)로 나눈 월 기기값을 합한 금액이다.
- '공시지원금'을 선택하는 경우의 월 납부액은 출고가에서 공시지원금과 대리점보조금(공시지원금의 10%)을 뺀 금액을 24(개월)로 나눈 월 기기값에 사용요금을 합한 금액이다.
- 월 기기값, 사용요금 이외의 비용은 없고, 10원 단위 이하 금액을 절사한다.
- 구입한 스마트폰의 사용기간은 24개월이고, 사용기간 연장이나 중도해지는 없다.

〈정보〉
- 출고가 대비 공시지원금의 비율이 20% 이하인 스마트폰 기종은 '병'과 '정'이다.
- '공시지원금'을 선택하는 경우의 월 납부액보다 '요금할인'을 선택하는 경우의 월 납부액이 더 큰 스마트폰 기종은 '갑' 뿐이다.
- '공시지원금'을 선택하는 경우 월 기기값이 가장 작은 스마트폰 기종은 '정'이다.

	A	B	C	D
①	갑	을	정	병
②	을	갑	병	정
③	을	갑	정	병
④	병	을	정	갑

36. J회사에서 근무하는 Y팀장은 팀의 사기를 높이기 위하여 팀원들을 데리고 야유회를 가려고 한다. 주어진 상황이 다음과 같을 때 비용이 저렴한 펜션 순으로 옳게 배열한 것은?

〈상황〉
- 팀장을 포함하여 인원은 5명이다.
- 2박 3일을 다녀오려고 한다.
- 팀장은 나무펜션 1회 이용 기록이 있다.
- 펜션 비용은 1박을 기준으로 부과된다.

〈펜션 비용〉

펜션	가격 (1박 기준)	비고
나무펜션	70,000원 (5인 기준)	• 나무펜션 이용 기록이 있는 경우에는 총 합산 금액의 10%를 할인받는다.
그늘펜션	60,000원 (4인 기준)	• 인원 추가 시, 1인 당 10,000원의 추가비용이 발생된다. • 나무, 그늘, 푸른, 구름펜션 이용 기록이 1회라도 있는 경우에는 총 합산 금액의 20%를 할인 받는다.
푸른펜션	80,000원 (5인 기준)	• 1박을 한 후 연이어 2박을 할 때는 2박의 비용은 처음 1박의 15%를 할인받는다.
구름펜션	55,000원 (4인 기준)	• 인원 추가 시, 1인 당 10,000원의 추가비용이 발생된다.

① 그늘펜션 – 구름펜션 – 나무펜션 – 푸른펜션
② 그늘펜션 – 나무펜션 – 구름펜션 – 푸른펜션
③ 나무펜션 – 그늘펜션 – 구름펜션 – 푸른펜션
④ 구름펜션 – 푸른펜션 – 그늘펜션 – 나무펜션

37. 다음 사례를 읽고 분석한 내용으로 옳지 않은 것은?

민수는 영화를 보기 위해 6,000원을 지불하고 영화표를 예매하였다. 하지만 영화를 보기로 한 날 갑작스럽게 친구가 등산을 가자고 제안하였다. 민수는 잠시 고민하였지만 결국 영화를 보기로 결정하고 친구와의 등산은 다음으로 미뤘다. 여기서 영화 관람과 등산에 소요되는 시간은 동일하고 경수에게 영화 관람의 편익은 12,000원이고 등산의 편익은 4,000원이다. 또한 영화표의 환불이나 양도는 불가하다.

① 영화 관람과 등산 중 민수에게 더 큰 실익을 주는 것은 영화 관람이다.
② 영화 관람으로 인한 기회비용은 4,000원이다.
③ 민수가 영화를 관람하기로 한 것은 합리적 선택이다.
④ 영화 관람을 위해 지불한 6,000원은 회수할 수 없는 한계비용이다.

38. 다음은 어느 회사의 성과상여금 지급기준이다. 다음 기준에 따를 때 성과상여금을 두 번째로 많이 받는 사원의 금액은 얼마인가?

〈성과상여금 지급기준〉

[지급원칙]
- 성과상여금은 적용대상사원에 대하여 성과(근무성적, 업무난이도, 조직 기여도의 평점 합) 순위에 따라 지급한다.

[성과상여금 지급기준액]

5급 이상	6급~7급	8급~9급	계약직
500만 원	400만 원	200만 원	200만 원

[지급등급 및 지급률]
- 5급 이상

지급등급	S등급	A등급	B등급	C등급
성과 순위	1위	2위	3위	4위 이하
지급률	180%	150%	120%	80%

- 6급 이하 및 계약직

지급등급	S등급	A등급	B등급
성과 순위	1~2위	3~4위	5위 이하
지급률	150%	130%	100%

[지급액 산정방법]
- 개인별 성과상여금 지급액은 지급기준액에 해당 등급의 지급율을 곱하여 산정한다.

〈소속사원 성과 평점〉

사원	평점			직급
	근무성적	업무난이도	조직기여도	
수현	9	6	10	계약직
이현	4	8	9	4급
서현	8	9	5	계약직
진현	9	9	6	5급
준현	9	7	7	7급
지현	8	10	8	8급

① 500만 원
② 510만 원
③ 520만 원
④ 530만 원

〈사무용 비품 재고 현황〉

품목	수량	단위 당 가격
믹스커피	2BOX(200개입)	15,000원
과자	1BOX(10개입)	1,800원
서류봉투	1장	700원
가위	3개	3,000원
물티슈	2개	2,500원
휴지	2롤	18,000원
나무젓가락	14묶음	2,000원
종이컵	4묶음	1,200원
형광펜	25자루	500원
테이프	7개	2,500원
볼펜	16자루	1,600원
수정액	4개	5,000원

39. 다음 중 가장 먼저 구매해야 할 비품은 무엇인가?

① 수정액 　　　　② 휴지
③ 서류봉투 　　　④ 가위

40. 다음 비품 예산이 4만 원 남았다고 할 때, 예산 안에 살 수 없는 것은 무엇인가?

① 믹스커피 2박스 + 수정액 2개
② 휴지 2롤 + 물티슈 2개
③ 테이프 5개 + 가위 3개
④ 나무젓가락 10묶음 + 종이컵 6묶음

41. 다음은 각 지역에 사무소를 운영하고 있는 A사의 임직원 행동강령의 일부이다. 다음 내용에 부합되지 않는 설명은?

제5조【이해관계직무의 회피】① 임직원은 자신이 수행하는 직무가 다음 각 호의 어느 하나에 해당하는 경우에는 그 직무의 회피 여부 등에 관하여 지역관할 행동강령책임관과 상담한 후 처리하여야 한다. 다만, 사무소장이 공정한 직무수행에 영향을 받지 아니한다고 판단하여 정하는 단순 민원업무의 경우에는 그러하지 아니한다.
　1. 자신, 자신의 직계 존속·비속, 배우자 및 배우자의 직계 존속·비속의 금전적 이해와 직접적인 관련이 있는 경우
　2. 4촌 이내의 친족이 직무관련자인 경우
　3. 자신이 2년 이내에 재직하였던 단체 또는 그 단체의 대리인이 직무관련자이거나 혈연, 학연, 지연, 종교 등으로 지속적인 친분관계에 있어 공정한 직무수행이 어렵다고 판단되는 자가 직무관련자인 경우
　4. 그 밖에 지역관할 행동강령책임관이 공정한 직무수행이 어려운 관계에 있다고 정한 자가 직무관련자인 경우
② 제1항에 따라 상담요청을 받은 지역관할 행동강령책임관은 해당 임직원이 그 직무를 계속 수행하는 것이 적절하지 아니하다고 판단되면 본사 행동강령책임관에게 보고하여야 한다. 다만, 지역관할 행동강령책임관이 그 권한의 범위에서 그 임직원의 직무를 일시적으로 재배정할 수 있는 경우에는 그 직무를 재배정하고 본사 행동강령책임관에게 보고하지 아니할 수 있다.
③ 제2항에 따라 보고를 받은 본사 행동강령책임관은 직무가 공정하게 처리될 수 있도록 인력을 재배치하는 등 필요한 조치를 하여야 한다.
제6조【특혜의 배제】임직원은 직무를 수행함에 있어 지연·혈연·학연·종교 등을 이유로 특정인에게 특혜를 주거나 특정인을 차별하여서는 아니 된다.
제6조의2【직무관련자와의 사적인 접촉 제한】① 임직원은 소관업무와 관련하여 우월적 지위에 있는 경우 그 상대방인 직무관련자(직무관련자인 퇴직자를 포함한다)와 당해 직무 개시시점부터 종결시점까지 사적인 접촉을 하여서는 아니 된다. 다만, 부득이한 사유로 접촉할 경우에는 사전에 소속 사무소장에게 보고(부재 시 등 사후보고)하여야 하고, 이 경우에도 내부정보 누설 등의 행위를 하여서는 아니 된다.
② 제1항의"사적인 접촉"이란 다음 각 호의 어느 하나에 해당하는 것을 말한다.
　1. 직무관련자와 사적으로 여행을 함께하는 경우
　2. 직무관련자와 함께 사행성 오락(마작, 화투, 카드 등)을 하는 경우
③ 제1항의 "부득이한 사유"는 다음 각 호의 어느 하나에 해당하는 경우를 말한다.(제2항 제2호 제외)
　1. 직무관련자인 친족과 가족 모임을 함께하는 경우
　2. 동창회 등 친목단체에 직무관련자가 있어 부득이하게 함께하는 경우
　3. 사업추진을 위한 협의 등을 사유로 계열사 임직원과 함께하는 경우
　4. 사전에 직무관련자가 참석한 사실을 알지 못한 상태에서 그가 참석한 행사 등에서 접촉한 경우

① 이전 직장의 퇴직이 2년이 경과하지 않은 시점에서 이전 직장의 이해관계와 연관 있는 업무는 회피하여야 한다.

② 이해관계 직무를 회피하기 위해 임직원의 업무가 재배정된 경우 이것이 반드시 본사 행동강령책임관에게 보고되는 것은 아니다.

③ 임직원이 직무 관련 우월적 지위에 있는 경우, 소속 사무소장에게 보고하지 않는(사후보고 제외) 직무 상대방과의 '사적인 접촉'은 어떠한 경우에도 허용되지 않는다.

④ 지역관할 행동강령책임관은 공정한 직무수행이 가능한 직무관련자인지의 여부를 본인의 판단으로 결정할 수 없다.

42. 다음 업무분장표를 참고할 때, 창의력과 분석력을 겸비한 경영학도인 신입사원이 배치되기에 가장 적합한 부서는?

팀	주요 업무	필요 자질
영업관리	영업전략 수립, 단위조직 손익관리, 영업인력 관리 및 지원	마케팅/유통/회계지식, 대외 섭외력, 분석력
생산관리	원가/재고/외주 관리, 생산계획 수립	제조공정/회계/통계/제품지식, 분석력, 계산력
생산기술	공정/시설 관리, 품질 안정화, 생산 검증, 생산력 향상	기계/전기 지식, 창의력, 논리력, 분석력
연구개발	신제품 개발, 제품 개선, 원재료 분석 및 기초 연구	연구 분야 전문지식, 외국어 능력, 기획력, 시장 분석력, 창의/집중력
기획	중장기 경영전략 수립, 경영정보 수집 및 분석, 투자사 관리, 손익 분석	재무/회계/경제/경영 지식, 창의력, 분석력, 전략적 사고
영업 (국내/해외)	신시장 및 신규고객 발굴, 네트워크 구축, 거래선 관리	제품지식, 협상력, 프리젠테이션 능력, 정보력, 도전정신
마케팅	시장조사, 마케팅 전략 수립, 성과 관리, 브랜드 관리	마케팅/제품/통계지식, 분석력, 통찰력, 의사결정력
총무	자산관리, 문서관리, 의전 및 비서, 행사 업무, 환경 등 위생관리	책임감, 협조성, 대외 섭외력, 부동산 및 보험 등 일반지식
인사/교육	채용, 승진, 평가, 보상, 교육, 인재개발	조직구성 및 노사 이해력, 교육학 지식, 객관성, 사회성
홍보/광고	홍보, 광고, 언론/사내 PR, 커뮤니케이션	창의력, 문장력, 기획력, 매체의 이해

① 연구개발팀

② 홍보/광고팀

③ 마케팅팀

④ 기획팀

43. 다음은 J사의 2018년 조직도이다. 조직도를 보고 잘못 이해한 것은?

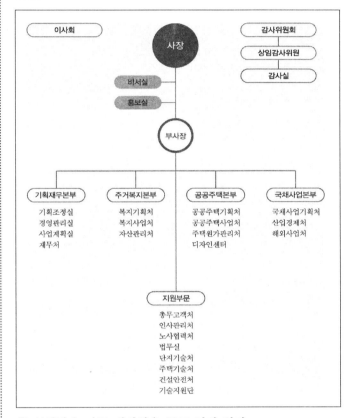

① 부사장은 따로 비서실을 두고 있지 않다.

② 비서실과 홍보실은 사장 직속으로 소속되어 있다.

③ 감사실은 공정한 감사를 위해 다른 조직들과는 구분되어 감사위원회 산하로 소속되어 있다.

④ 부사장 직속으로는 1개 부문, 1실, 6개 처, 1개의 지원단으로 구성되어 있다.

44. 다음에서 설명하고 있는 합리적인 인사관리 원칙은?

> 직장에서의 신분 보장, 계속해서 근무할 수 있다는 믿음으로 근로자의 안정된 회사 생활을 보장한다.

① 적재적소 배치의 원리
② 종업원 안정의 원칙
③ 공정 인사의 원칙
④ 단결의 원칙

45. 다음은 작년의 사내 복지 제도와 그에 따른 4/4분기 복지 지원 내역이다. 인사팀의 사원 Z씨는 팀장님의 지시로 작년 4/4분기 지원 내역을 구분하여 정리했다. 다음 중 구분이 잘못된 직원은?

〈사내 복지 제도〉

구분	세부사항
주택 지원	사택지원 (1~6동 총 6개 동 120가구) 기본 2년 (신청 시 1회 2년 연장 가능)
경조사 지원	본인/가족 결혼, 회갑 등 각종 경조사 시 경조금, 화환 및 경조휴가 제공
학자금 지원	고등학생, 대학생 학자금 지원
기타	상병 휴가, 휴직, 4대 보험 지원

〈4/4분기 지원 내역〉

이름	부서	직위	세부사항	금액(천 원)
정희진	영업1팀	사원	모친상	1,000
유연화	총무팀	차장	자녀 대학진학 (입학금 제외)	4,000
김길동	인사팀	대리	본인 결혼	500
최선하	IT개발팀	과장	병가(실비 제외)	100
김만길	기획팀	사원	사택 제공(1동 702호)	–
송상현	생산2팀	사원	장모상	500
길태화	기획팀	과장	생일	50(상품권)
최현식	총무팀	차장	사택 제공(4동 204호)	–
최판석	총무팀	부장	자녀 결혼	300
김동훈	영업2팀	대리	생일	50(상품권)
백예령	IT개발팀	사원	본인 결혼	500

구분	이름
주택 지원	김만길, 최현식
경조사 지원	정희진, 김길동, 길태화, 최판석, 김동훈, 백예령
학자금 지원	유연화
기타	최선하, 송상현

① 정희진
② 김동훈
③ 유연화
④ 송상현

46. T 대기업 경영전략팀은 기업의 새로운 도약을 위해 2020년 1차 경영토론회를 주최하였다. 다음 중 토론자들의 경영시장 종류에 대한 발언으로 옳지 않은 것은?

① 블루오션은 경쟁을 목표로 하고 존재하는 소비자와 현존하는 시장에 초점을 맞췄습니다.
② 레드오션은 산업 간 경계선이 명확하게 그어져 있습니다.
③ 레드오션은 어떻게 경쟁자를 앞지를 것인가에 대한 '시장 경쟁전략'을 말합니다.
④ 블루오션은 아직 우리가 모르고 있는 가능성의 시장 공간이라 할 수 있습니다.

47. 조직체제 안에는 조직을 이루는 여러 집단이 있다. 다음 중 ' 집단의 특징을 적절하게 설명하지 못한 것은?

① 비공식적으로 구성된 집단은 조직구성원들의 요구에 따라 자발적으로 형성되었으며, 봉사활동 동아리, 친목 동호회 등이 있다.
② 조직 내에서는 한정된 자원을 가지고 상반된 목표를 추구하기 때문에 경쟁이 발생하기도 한다.
③ 조직 내 집단은 일반적으로 이익 집단과 감독 집단으로 나뉜다.
④ 집단 간의 적절한 갈등은 응집성이 강화되고 집단의 활동이 더욱 조직화되는 장점이 있다.

48. 어느 조직이나 일정한 인원이 함께 근무하는 경우 '조직문화'가 생기게 된다. 다음 중 조직문화의 기능과 구성요소에 대하여 적절하게 설명한 것이 아닌 것은?

① 조직문화의 구성요소로는 공유가치, 리더십 스타일, 예산, 관리 기술, 전략, 제도 및 절차, 구성원이 있다.

② 조직문화는 조직 구성원에게 일체감과 정체성을 부여하지만 타 조직과의 융합에 걸림돌로 작용하기도 한다.

③ 조직의 통합과 안정성을 중시하고 서열화된 조직 구조를 추구하는 관리적 조직문화, 실적을 중시하고 직무에 몰입하며 미래를 위한 계획 수립을 강조하는 과업지향적 조직문화 등이 있다.

④ 조직문화의 기능으로 구성원의 사회화 도모 및 일탈 행동을 통제하는 측면도 기대할 수 있다.

▌49~50 ▌ 다음은 甲사의 내부 결재 규정에 대한 설명이다. 다음 글을 읽고 이어지는 물음에 답하시오.

> 제○○조(결재)
> ① 기안한 문서는 결재권자의 결재를 받아야 효력이 발생한다.
> ② 결재권자는 업무의 내용에 따라 이를 위임하여 전결하게 할 수 있으며, 이에 대한 세부사항은 따로 규정으로 정한다. 결재권자가 출장, 휴가, 기타의 사유로 상당한 기간 동안 부재중일 때에는 그 직무를 대행하는 자가 대결할 수 있되, 내용이 중요한 문서는 결재권자에게 사후에 보고(후결)하여야 한다.
> ③ 결재에는 완결, 전결, 대결이 있으며 용어에 대한 정의와 결재방법은 다음과 같다.
> 1. 완결은 기안자로부터 최종 결재권자에 이르기까지 관계자가 결재하는 것을 말한다.
> 2. 전결은 사장이 업무내용에 따라 각 부서장에게 결재권을 위임하여 결재하는 것을 말하며, 전결하는 경우에는 전결하는 자의 서명란에 '전결' 표시를 하고 맨 오른쪽 서명란에 서명하여야 한다.
> 3. 대결은 결재권자가 부재중일 때 그 직무를 대행하는 자가 하는 결재를 말하며, 대결하는 경우에는 대결하는 자의 서명란에 '대결' 표시를 하고 맨 오른쪽 서명란에 서명하여야 한다.
>
> 제○○조(문서의 등록)
> ① 문서는 당년 마지막 문서에 대한 결재가 끝난 즉시 결재일자 순서에 따라서 번호를 부여하고 처리과별로 문서등록대장에 등록하여야 한다. 동일한 날짜에 결재된 문서는 조직 내부 원칙에 의해 우선순위 번호를 부여한다. 다만, 비치문서는 특별한 규정이 있을 경우를 제외하고는 그 종류별로 사장이 정하는 바에 따라 따로 등록할 수 있다.

> ② 문서등록번호는 일자별 일련번호로 하고, 내부결재문서인 때에는 문서등록대장의 수신처란에 '내부결재' 표시를 하여야 한다.
> ③ 처리과는 당해 부서에서 기안한 모든 문서, 기안형식 외의 방법으로 작성하여 결재권자의 결재를 받은 문서, 기타 처리과의 장이 중요하다고 인정하는 문서를 제1항의 규정에 의한 문서등록대장에 등록하여야 한다.
> ④ 기안용지에 의하여 작성하지 아니한 보고서 등의 문서는 그 문서의 표지 왼쪽 위의 여백에 부서기호, 보존기간, 결재일자 등의 문서등록 표시를 한 후 모든 내용을 문서등록대장에 등록하여야 한다.

49. 다음 중 甲사의 결재 및 문서의 등록 규정을 바르게 이해하지 못한 것은?

① '대결'은 결재권자가 부재중일 경우 직무대행자가 행하는 결재 방식이다.

② 최종 결재권자는 여건에 따라 상황에 맞는 전결권자를 지정할 수 있다.

③ '전결'과 '대결'은 문서 양식상의 결재방식이 동일하다.

④ 문서등록대장은 매년 1회 과별로 새롭게 정리된다.

50. 甲사에 근무하는 직원의 다음과 같은 결재 문서 관리 및 조치 내용 중 규정에 의거한 적절한 것은?

① A 대리는 같은 날짜에 결재된 문서 2건을 같은 문서번호로 분류하여 등록하였다.

② B 대리는 중요한 내부결재문서에는 '내부결재'를 표시하였고, 그 밖의 문서에는 '일반문서'를 표시하였다.

③ C 과장은 부하 직원에게 문서등록대장에 등록된 문서 중 결재 문서가 아닌 것도 포함될 수 있다고 알려주었다.

④ D 사원은 문서의 보존기간은 보고서에 필요한 사항이며 기안 문서에는 기재할 필요가 없다고 판단하였다.

51. 다음 중 이메일 네티켓에 관한 설명으로 부적절한 것은?

① 대용량 파일의 경우에는 압축해서 첨부해야 한다.

② 메일을 발송할 시에는 발신자를 명확하게 표기해야 한다.

③ 메일을 받을 수신자의 주소가 정확한지 확인을 해야 한다.

④ 영어는 일괄적으로 대문자로 표기해야 한다.

52. 다음은 세계적인 스타트업 기업인 '우버'에 관한 사례이다. 다음 글을 보고 고객들이 우버의 윤리의식에 대하여 표출할 수 있는 불만의 내용으로 가장 적절하지 않은 것은 어느 것인가?

2009년 미국 샌프란시스코에서 차량 공유업체로 출발한 우버는 세계 83개국 674개 도시에서 여러 사업을 운영하고 있다. 2016년 기준 매출액 65억 달러, 순손실 28억 달러, 기업가치 평가액 680억 달러로 세계 1위 스타트업 기업이다. 우버가 제공하는 가장 일반적인 서비스는 개인 차량을 이용한 '우버 X'가 있다. 또한, '우버 블랙'은 고급 승용차를 이용한 프리미엄 서비스를 제공하고, 인원이 많거나 짐이 많을 경우에 '우버 XL'이 대형 차량 서비스를 제공한다. '우버 풀(POOL)'은 출퇴근길 행선지가 비슷한 사람들끼리 카풀을 할 수 있게 서로 연결해주는 일종의 합승서비스다. 그 밖에 '우버 이츠(EATS)'는 우버의 배달 서비스로서, 음식배달 주문자와 음식을 배달하는 일반인을 연결해주는 플랫폼이다.

앞으로 자율주행차량이 도입되면 가장 주목받는 기업으로 계속 발전할 것이라는 전망 속에서 2019년 주식 상장 계획이 있던 우버에게 2017년은 악재의 연속이었다. 연초에 전직 소프트웨어 엔지니어 수잔 파울러가 노골적인 성추행과 성차별이 횡행하는 막장 같은 우버의 사내 문화를 폭로하면서 악재가 시작되었다. 또 연말에는 레바논 주재 영국대사관 여직원 다이크스가 수도 베이루트에서 우버 택시 운전기사에 의해 살해당하는 사건이 발생했다. 우버 서비스의 고객 안전에 대한 우려가 현실로 나타난 것이다.

① 불안정 노동 문제에 대해 사회적 책임 의식을 공유해야 한다.

② 운전기사 고용 과정에서 이력 검증을 강화해야 한다.

③ 고객의 안전을 최우선시하는 의무 소홀에 대한 책임을 져야한다.

④ 단기 일자리를 제공하는 임시 고용형태를 없애야 한다.

53. 다음은 근로윤리에 있어 기본이 되는 덕목을 설명하는 글이다. 다음 글의 빈 칸 ㉮와 ㉯에 들어갈 적절한 말은 순서대로 각각 어느 것인가?

사회시스템은 구성원 서로가 신뢰하는 가운데 운영이 가능한 것이며, 그 신뢰를 형성하고 유지하는데 필요한 가장 기본적이고 필수적인 규범이 바로 (㉮)인 것이다.

그러나 우리 사회의 (㉮)은(는) 아직까지 완벽하지 못하다. 거센 역사의 소용돌이 속에서 여러 가지 부당한 핍박을 받은 경험이 있어서 그럴 수도 있지만, 원칙보다는 집단내의 정과 의리를 소중히 하는 문화적 정서도 그 원인이라 할 수 있다.

(㉯)은(는) 일관된 마음과 정성의 덕이다. 자식에 대한 어머니의 정성이 대표적인 한국인의 '정성스러움'이다. 우리는 정성스러움을 '진실하여 전연 흠이 없는 완전한 상태에 도달하고자 하는 사람이 선을 택하여 노력하는 태도'라 말할 수 있다. 그러한 태도가 보통 사람들의 삶 속으로 스며들면서 자신의 일에 최선을 다하고자 하는 마음자세로 연결되었다고 볼 수 있다. '지성(至誠)이면 감천(感天)이다' 혹은 '진인사대천명(盡人事待天命)' 등의 말은 인간으로서 자신이 할 수 있는 모든 노력을 경주하고자 하는 정성스러움을 함축하고 있다.

① 정직, 성실

② 성실, 정직

③ 근면, 성실

④ 준법, 성실

54. 다음 중 직장에서의 전화걸기 예절로 옳지 않은 것은?

① 전화를 건 이유를 숙지하고 이와 관련하여 대화를 나눌 수 있도록 준비한다.

② 전화는 정상적인 업무가 이루어지고 있는 근무 시간이 종료된 뒤에 걸도록 한다.

③ 정보를 얻기 위해 전화를 하는 경우라면 얻고자 하는 내용을 미리 메모하도록 한다.

④ 전화를 해달라는 메시지를 받았다면 가능한 한 48시간 안에 답해주도록 한다.

55. 다음은 공수법에 관한 설명이다. 이 중 가장 바르지 않은 사항을 고르면?

① 공수할 때의 손을 모습은 위로 가는 손바닥으로 아래 손의 등을 덮어서 포개 잡는데, 두 엄지손가락은 깍지를 끼듯이 교차시킨다.

② 소매가 넓은 예복을 입었을 시에는 공수한 팔의 소매 자락이 수직이 되게 올리고 평상복을 입었을 때는 공수한 손의 엄지가 가슴 부위 위에 닿도록 자연스럽게 앞으로 올린다.

③ 여자의 공수는 평상시에는 오른손이 위로 가게, 흉사 시에는 반대로 왼손이 위로 가게 두 손을 포개 잡는다.

④ 남자의 공수는 평상시에는 왼손이 위로 가게, 흉사 시에는 반대로 오른손이 위로 가게 두 손을 포개 잡는다.

56. 다음 중 성 예절을 지키기 위한 노력으로 옳은 것은?

① 성희롱 문제는 사전에 예방할 수 없기 때문에 국가와 타협을 해야 한다.

② 여성은 남성보다 높은 지위를 보장 받기 위해서 그에 상응하는 여건을 조성해야 한다.

③ 직장 내에서 여성의 지위를 인정받기 위해 남성의 지위를 없애야 한다.

④ 성역할에 대한 과거의 잘못된 인식을 타파하고 남녀공존의 직장문화를 정착하는 노력이 필요하다.

57. K사는 기업 윤리경영과 관련하여 외부 감사기관의 감사를 받게 되었다. 피감기관에 대한 외부 감사기관의 감사 보고서에 기재된 다음 보기와 같은 내용 중 윤리경영에 어긋나는 사항이라고 볼 수 없는 것은?

① 계약 성사를 위해 정부 해당 기관 인사들을 만나 식사 자리에서 청탁을 하였다.

② 일부 수익을 이전하여 막대한 세금을 줄일 수 있었다.

③ 품질저하를 무릅쓰고 비용절감을 통해 수익성을 유지하였다.

④ 기업 운영비용을 절감하기 위하여 느슨한 업무 조직을 통합하였다.

58. 다음 글에서 의미하는 공동체윤리의 덕목으로 가장 적절한 것은?

> 오 사원은 민원실을 찾아 요청사항을 해결하고자 하는 고객에게 최선을 다한다. 항상 고객의 물음에 열성적인 마음으로 답을 해 줄뿐 아니라, 민원실 문을 열고 들어오는 고객을 발견한 순간부터 상담이 끝날 때까지 오 사원은 한시도 고객으로부터 시선을 떼지 않는다. 또한 상담 중에 다른 불편함이 있지나 않은 지 고객을 유심히 살피기도 한다. 가끔 상담을 마치고 민원실을 나서는 고객의 얼굴에선 오 사원의 태도에 매우 만족했음을 느낄 수 있다.

① 성실

② 봉사

③ 근면

④ 예절

59. 신입사원들과 사장과의 간담회 자리에서 갑, 을, 병, 정 4명의 신입사원들이 말한 〈보기〉와 같은 의견이 의미하는 직업윤리의 덕목을 순서대로 올바르게 나열한 것은?

> 갑 : "제가 수행하는 업무는 누구나 할 수 있는 게 아니라 교육을 통한 지식과 경험을 갖추어야만 가능한 것이라고 믿습니다."
>
> 을 : "저는 제가 수행하는 일이 나에게 딱 맞는다는 긍정적인 생각을 갖고 업무 수행을 하는 것이 매우 중요하다고 생각합니다."
>
> 병 : "제가 이 회사에서 일할 기회를 갖게 된 것은, '저에게 주어진 업무가 하늘이 제게 맡긴 중요한 업무다.' 라고 생각합니다."
>
> 정 : "자신의 일이 사회 전체에 있어 중요한 역할을 수행하는 것이라는 생각이야말로 무엇보다 중요하다고 봅니다."

① 전문가의식, 천직의식, 소명의식, 직분의식

② 천직의식, 직분의식, 전문가의식, 소명의식

③ 소명의식, 전문가의식, 소명의식, 직분의식

④ 직분의식, 소명의식, 전문가의식, 천직의식

60. 다음과 같은 상황에서 영업팀 최 대리가 취할 수 있는 행동으로 가장 적절한 것은?

> 최 대리는 일요일을 맞아 오랜만에 가족들과 함께 가까운 교외로 나들이를 다녀오기로 하였다. 그러나 토요일 저녁 갑자기 베트남 지사로부터 전화가 걸려왔고, 월요일에 도착하기로 했던 바이어 일행 중 2명이 현지 사정상 일요일 오전 비행기로 입국하게 된다는 사실을 통보받게 되었다. 중요한 거래처 바이어인지라, 입국 후부터 모든 일정을 동행하며 불편함이 없도록 수행하기로 되어 있던 최 대리는 매우 난감한 상황에 놓이게 되었고, 가족과의 약속과 바이어 일행의 입국 문제를 놓고 어찌해야 좋을지를 고민하게 되었다.

① 휴일인 만큼 계획대로 가족들과의 나들이를 다녀온다.
② 지사에 전화하여 일요일 입국은 불가하며 어떻게든 월요일에 입국해 줄 것을 다시 한 번 요청해 본다.
③ 가족들에게 미안함을 표하며 바이어 수행을 위해 나들이를 다음 기회로 미룬다.
④ 가족과의 약속을 지키기 위해 동료인 남 대리에게 일요일 바이어 수행을 부탁한다.

✏ 종합직무지식평가(50문항/50분)

1. 당뇨를 앓고 있는 40대 여성 환자가 오른쪽 대음순에 생긴 종기로 병원을 찾았다. 감염에 의한 것으로 추정될 때 우선적으로 확인해야 하는 림프절은?

① 장간막림프절
② 서혜림프절
③ 액와부림프절
④ 얕은고샅림프절
⑤ 바깥엉덩이림프절

2. 치료 받지 않은 만성 B형 간염으로 간실질의 손상, 간세포의 재생결절 형성 등이 나타났을 때. 이와 같은 간의 변화로 혈압이 증가할 수 있는 혈관은?

① 간정맥
② 지라정맥
③ 콩팥정맥
④ 넙다리정맥
⑤ 큰두렁정맥

3. 척추뼈(vertebra)에 대한 설명으로 옳은 것은?
① 첫째목뼈를 중쇠뼈라고 한다.
② 일곱째목뼈에는 가로구멍이 없다.
③ 모든 갈비뼈는 등뼈와 관절한다.
④ 각각의 허리뼈에는 7개의 돌기가 있다.
⑤ 척추는 옆에서 바라볼 때 일자의 형태이다.

4. 다음 중 호흡 시 들숨에 관여하는 근육들을 모두 고른 것은?

㉠ 가로막	㉡ 아래뒤톱니근
㉢ 갈비밑근	㉣ 가슴가로근
㉤ 위뒤톱니근	㉥ 바깥갈비사이근

① ㉠㉢㉤
② ㉠㉡㉥
③ ㉠㉣㉤
④ ㉠㉤㉥
⑤ ㉡㉢㉥

5. 근육피부신경의 손상에 영향을 받는 동작으로 가장 적절한 것은?

① 팔꿉관절 굽힘

② 손목관절 굽힘

③ 팔꿉관절 폄

④ 손목관절 폄

⑤ 손가락관절 폄

6. 다음 중 머리 회전에 따른 평형감각을 감지하는 기관은?

① 달팽이

② 반고리관

③ 귀인두관

④ 타원주머니

⑤ 둥근주머니

7. 머리뼈바닥에 있는 구멍들과 그 구멍을 통과하는 구조물이 잘못 연결된 것은?

① 체판구멍 – 후각신경

② 위눈확틈새 – 눈물신경

③ 뇌막동맥구멍 – 중간뇌막동맥

④ 목정맥구멍 – 미주신경

⑤ 속귀길 – 위턱신경

8. 다른 장기들이 내장쪽복막과 벽쪽복막으로 덮여 있는 것과 달리 벽쪽복막으로만 덮여 있는 장기는?

① 간

② 위

③ 비장

④ 췌장

⑤ 빈 창자

9. 다음 괄호 안에 들어갈 용어로 가장 적절한 것은?

> • (   )는 화학반응을 시작하는 활성화 에너지(activation energy)를 낮추는 역할을 한다.
> • (   )의 활성도 증가는 에너지 생성을 위한 화학적 대사반응을 촉진시킨다.
> • 준비운동을 통한 체온의 상승은 (   )의 활성도를 증가시킨다.

① 펩타이드   ② 스테로이드

③ 효소   ④ 기질

⑤ 산소

10. 제시된 용어의 설명으로 옳지 않은 것은?

① 흡기량 : 1회 호흡량과 잔기량의 합

② 폐활량 : 호기예비용적과 흡기량의 합

③ 기능적 잔기량 : 잔기량과 호기예비용적의 합

④ 총폐용량 : 흡기량과 기능적 잔기량의 합

⑤ 1초율 : 1초 동안 내쉴 수 있는 공기용적을 폐활량에 대한 백분율로 나타낸 것

11. 해열제가 열을 떨어뜨리는 과정에서 나타나는 체온조절 반응으로 적절한 것은?

① 땀 분비 증가   ② 털 세움 증가

③ 근육떨림 증가   ④ 말초혈관 수축

⑤ 갈색지방 분해 증가

12. 다음 중 가스 교환에 대한 설명으로 옳은 것을 모두 고르면?

> ㉠ 산소는 혈액 속에서 주로 헤모글로빈과 결합하여 운반된다.
> ㉡ 산소분압(PO_2)이 감소하면 헤모글로빈의 산소포화도가 낮아진다.
> ㉢ 체온이 증가되면 헤모글로빈의 산소포화도가 높아진다.
> ㉣ 이산화탄소는 혈액 내에서 주로 중탄산염(bicarbonate)의 형태로 운반된다.
> ㉤ 카르바미노(carbamino) 화합물은 폐에서 이산화탄소 제거를 억제한다.

① ㉠㉡㉣   ② ㉠㉢㉤

③ ㉡㉢㉣   ④ ㉡㉢㉤

⑤ ㉢㉣㉤

13. 혈압이 160/60mmHg이고 청진상 이완기에 심잡음이 들린 경우, 이 환자에게서 예측되는 심혈관계 이상으로 가장 적절한 것은?

① 대동맥 경화

② 대동맥 판막 부전

③ 승모판 협착

④ 승모판 폐쇄 부전

⑤ 울혈심장기능상실

14. 다음 괄호 안에 들어갈 용어는?

> • ( )는 근육의 성장과 회복에 중요한 역할을 한다.
> • ( )는 근력 훈련 후 발생한 미세한 손상 부위를 치유하는 과정에서 근섬유 속 핵을 분열시켜, 핵의 수를 늘리고 근육의 성장을 돕는 단백질 합성을 촉진한다.

① 성상세포

② 슈반세포

③ 위성세포

④ 뇌실막세포

⑤ 신경아교세포

15. 지방산의 화학적 특성에 대한 설명으로 옳지 않은 것은?

① 탄소 개수가 적을수록 물에 대한 용해도가 증가한다.

② 이중결합의 개수가 적을수록 물에 대한 용해도가 증가한다.

③ 불포화지방산은 포화지방산보다 녹는점이 낮다.

④ 불포화지방산에 수소를 첨가하면 녹는점이 높아진다.

⑤ 불포화지방산은 포화지방산보다 분자 간 상호작용이 더 약하다.

16. 포도당 분해 대사와 지방산 생합성 대사를 연결하는 물질은?

① 아세틸 CoA

② 아세트산

③ 숙신산

④ 구연산

⑤ 젖산

17. 실수로 메탄올을 섭취한 환자에게서 오심, 구토, 정신 착란 등의 증세가 나타나고 있다. 이때 처방해야 하는 것은?

① 에틸렌글리콜

② 글리세린

③ 아스피린

④ 에탄올

⑤ 판테놀

18. 급성 췌장염의 증상으로 보기 가장 어려운 것은?

① 명치부에서 발생한 통증이 등으로 방사

② 누워 있으면 심해지는 통증

③ 복부팽만

④ 장음 증가

⑤ 발열

19. 만성 골수성 백혈병의 병인과 관련 있는 염색체 이상은?

① 결실

② 역전

③ 전위

④ 삽입

⑤ 점 돌연변위

20. 뉴클레오시드의 구성성분이 아닌 것은?

① 아데닌

② 구아닌

③ 사이토신

④ 티아민

⑤ 인산

21. 다음 설명에 해당하는 것은?

> • 세포자멸사 또는 세포탐식 작용을 통해 세포 안으로 들어온 물질의 분해를 담당한다.
> • 소낭 속의 분해효소들은 pH 5에서 최대 활성을 가지므로 세포질에 유출되어도 손상을 피할 수 있다.

① 미토콘드리아

② 퍼옥시좀

③ 리보솜

④ 리소좀

⑤ 골지체

22. 폐선암종의 가장 대표적인 원인이 되는 유전자 이상은?

① ALK

② MET

③ RAS

④ RET

⑤ EGFR

23. 음주와 육류 섭취를 즐기는 50대 남성이 엄지발가락 통증으로 내원하였다. 발가락에 외상 흔적이나 궤양은 없으나 빨갛게 부어있었다. 혈액검사에서 예상되는 이 환자의 소견은?

① 고지혈증

② 고혈당증

③ 고요산혈증

④ 고칼륨혈증

⑤ 고나트륨혈증

24. 약물을 장기간 복용할 경우 점차 효과가 떨어져 사용 용량을 증가시켜야 하는데 이와 관련이 가장 높은 것은?

① 위축　　　　　　② 부종

③ 출혈　　　　　　④ 이형성

⑤ 과다형성

25. 악성 종양보다 양성 종양에서 관찰되는 조직 소견은?

① 전이　　　　　　② 침범

③ 유사분열　　　　④ 다형태성

⑤ 피막 형성

26. 급성 심근경색으로 사망한 환자의 부검 결과에서 심부전세포가 발견되는 것은?

① 뇌　　　　　　　② 위

③ 간　　　　　　　④ 폐

⑤ 신장

27. 다음 중 주로 폐에 반응을 일으키는 약물을 바르게 짝지은 것은?

① bleomycin − ampicillin

② thiazide − bleomycin

③ ampicillin − amiodarone

④ amiodarone − bleomycin

⑤ thiazide − steroid

28. 여성의 정상적인 월경 출혈 직전에 자궁내막에서 일어나는 세포 내 변화로 가장 적절한 것은?

① 위축　　　　　　② 부종

③ 과다형성　　　　④ 액화괴사

⑤ 세포자멸사

29. 노로 바이러스에 대한 설명으로 옳지 않은 것은?

① 칼리시 바이러스과에 속한다.

② 25~40nm 크기의 정심이면체 형태이다.

③ 소량으로도 감염이 가능하고 전염성이 강하다.

④ 급성설사, 오심, 구토 및 복통의 증상을 보인다.

⑤ 감염을 억제할 수 있는 면역이 오랫동안 유지된다.

30. AIDS 환자에게서 얼굴을 비롯한 상체와 점막을 중심으로 카포시육종이 발생하였다. 원인체는?

① 사람 표피증식인자 수용체 2

② 사람 헤르페스 바이러스 8

③ 사람 유두종 바이러스

④ 수두 대상포진 바이러스

⑤ 아스페르길루스

31. 웨스트 나일열, 뎅기열, 황열, 지카바이러스 감염증 등을 일으키는 플라비 바이러스(속)의 대표적인 매개체은?

① 쥐　　　　　　　② 이

③ 모기　　　　　　④ 파리

⑤ 빈대

32. 간염 바이러스에 대한 설명으로 옳은 것은?

① A형 간염은 급성으로 발병하며 중증도는 심하다.

② B형 간염은 급성 간염으로 보균자가 적다.

③ B형 간염의 검사실 진단은 anti HCV의 혈중농도를 측정한다.

④ C형 간염은 만성으로 진행하지 않는다.

⑤ D형 간염은 B형 간염과 중복 감염 시 중증도가 심하다.

33. 매독의 증상과 병기를 잘못 짝지은 것은?

① 1기 매독 - 굳은 궤양

② 2기 매독 - 인후통

③ 2기 매독 - 고무종

④ 2기 매독 - 전신 림프절증

⑤ 말기 신경매독 - 마비성 치매

34. 수두대상포진 바이러스가 감각 신경절에 잠복해 있다가 재활성화되어 나타나는 질병의 증상이 아닌 것은?

① 피로　　　　　　　② 발열

③ 피부 통증　　　　④ 수포

⑤ 설사

35. 다음 중 1차 면역기관과 2차 면역기관을 잘못 짝지은 것은?

① 골수 - 1차 면역기관

② 흉선 - 1차 면역기관

③ 비장 - 2차 면역기관

④ 림프절 - 1차 면역기관

⑤ 점막면역계 - 2차 면역기관

36. 다음 중 크기가 가장 큰 기생충은?

① 회충　　　　　　　② 편충

③ 폐흡충　　　　　　④ 주혈흡충

⑤ 유구조충

37. 자기 자신은 문제를 일으키지 않고 다른 사람이나 생물에 전염을 시키는 병원균이나 기생충을 지니고 있는 숙주는?

① 보유숙주　　　　　② 연장숙주

③ 우연숙주　　　　　④ 운반숙주

⑤ 중간숙주

38. 임산부가 톡소포자충에 감염되면 태아의 유산 및 선천성 기형을 일으킬 수 있다. 임산부가 톡소포자충에 감염되지 않기 위해 가장 주의하여야 하는 동물은?

① 개　　　　　　　　② 소

③ 사슴　　　　　　　④ 돼지

⑤ 고양이

39. 다음 내용이 설명하는 질환은?

> • 감비아파동편모충, 로데시아파동편모충에 감염된 사람에게서 중추신경계 증상이 나타나는 질병이다.
> • 아프리카에서 유행하는 풍토병으로 체체파리에 의해 매개된다.

① 수면병　　　　　　② 샤가스병

③ 말라리아　　　　　④ 폐포자충

⑤ 이질아메바

40. 셀로판후층도말법을 통해 회충의 충란을 검출하였다. 이때 처방할 수 있는 치료제는?

① 알벤다졸　　　　　② 이버멕틴

③ 클로로퀸　　　　　④ 메플로퀸

⑤ 독시사이클린

41. 과거 제주도, 흑산도 등 지역에서 유행한 적이 있는 인체감염 사상충으로 국내에 분포하는 유일한 사상충은?

① 회선사상충　　　　② 티몰사상충

③ 로아사상충　　　　④ 말레이사상충

⑤ 반크롭트사상충

42. 열두조충과에 속하는 촌충 스피로메트라의 애벌레인 고충에 의한 감염으로 발생하는 스파르가눔은 외과적 적출법으로 치료한다. 다음 중 충체를 적출함으로써 치료하는 기생충이 아닌 것은?

① 고래회충　　　　　② 동양안충

③ 단방조충　　　　　④ 유구낭미충

⑤ 요코가와흡충

43. 다음 중 습기가 있는 곳에서 사람의 세포나 유기물을 먹고 살면서 알레르기 질환을 일으키는 진드기는?

① 참진드기
② 옴진드기
③ 설탕진드기
④ 집먼지진드기
⑤ 보리가루진드기

44. 사회보장 권리구제에 대한 심사청구와 재심사청구를 규정하고 있지 않은 법률은?

① 산업재해보상보험법
② 국민건강보험법
③ 고용보험법
④ 국민연금법
⑤ 보기 모두

45. 다음 중 국민연금공단의 업무를 모두 고르면 몇 개인가?

㉠ 가입자에 대한 기록의 관리 및 유지
㉡ 연금보험료의 부과
㉢ 급여의 결정 및 지급
㉣ 국민연금제도·재정계산·기금운용에 관한 조사연구
㉤ 국민연금기금 운용 전문인력 양성
㉥ 국민연금에 관한 국제협력

① 2개   ② 3개
③ 4개   ④ 5개
⑤ 6개

46. 다음 중 공적연금에 대한 설명으로 옳지 않은 것은?

① 사립학교교직원연금은 공적연금에 해당한다.
② 공적연금 중 가장 먼저 시행된 것은 군인연금이다.
③ 공적연금에는 국민연금과 특수직역연금이 있다.
④ 특수직역연금에는 군인연금, 공무원연금 등이 있다.
⑤ 노령연금은 국민연금의 급여 종류에 해당한다.

47. 사회보장제도에 대한 설명으로 옳은 것은?

① 우리나라 사회보장제도는 사회보험, 공공부조, 사회복지서비스로 구분된다.
② 공공부조의 대상자는 보험료 부담 능력이 있는 사람이다.
③ 사회보험은 강제성을 띠지 않는다.
④ 사회보험은 비용을 국가에서 부담하는 반면 공공부조는 피보험자가 부담한다.
⑤ 국민연금은 공공부조에 해당한다.

48. 사회보장의 기능과 형평성에 대한 설명으로 옳지 않은 것은?

① 사회보장제도는 소득의 재분배를 통한 국민의 생존권의 실현과 최저생활 확보를 전제로 한다.
② 소득재분배의 형태는 수직적, 수평적, 세대 간 재분배의 세 가지로 구분할 수 있다.
③ 수직적 재분배는 소득이 높은 계층으로부터 낮은 계층으로 재분배되는 것으로 분배의 형평성을 지향한다.
④ 공적연금제도는 수평적 재분배의 대표적 예라고 할 수 있다.
⑤ 사회보장제도 중 공공부조는 보험료를 부담할 능력이 없는 빈곤자에게 국가가 모든 비용을 부담하는 것이다.

49. 고용보험법상 취업촉진수당에 해당하지 않는 것은?

① 조기재취업 수당
② 직업능력개발 수당
③ 광역 구직활동비
④ 이주비
⑤ 구직급여

50. 연금제도의 특성으로 옳은 것을 모두 고르면?

㉠ 단기성	㉡ 안정성
㉢ 공공성	㉣ 자율성
㉤ 수익성	㉥ 전문성

① ㉠㉡㉢㉥   ② ㉠㉢㉤㉥
③ ㉡㉢㉤㉥   ④ ㉡㉢㉣㉥
⑤ ㉢㉣㉤㉥

서 원 각

www.goseowon.com